PRODUTTIVITÀ 23 SUGGERIMENTI POTENTI

PRODUTTIVITÀ

23

SUGGERIMENTI POTENTI

 PRODUTTIVITÀ 23 SUGGERIMENTI POTENTI

CONTENUTI

1. Stabilisci un piano di gioco!
2. Riduzione delle distrazioni
3. Cosa dovresti fare prima?
4. Esercizio di autodisciplina
5. Puoi fare l'impossibile
6. Maggiore motivazione
7. Non lasciare che le battute d'arresto ti deprimano!
8. Sii orientato agli obiettivi
9. Abbi cura di te!
10. Perché essere organizzati è essenziale
11. Quando è necessario delegare
12. Evita l'esaurimento
13. Le forniture sono un fattore
14. Uno stato d'animo positivo
15. Resistere alla negatività

 PRODUTTIVITÀ 23 SUGGERIMENTI POTENTI

16. Compiti per il tuo obiettivo

17. Informazioni su colleghi e dipendenti

18. Incoraggiamento personale

19. Resistenza all'allungamento eccessivo

20. Perché hai bisogno di ridurre lo stress

21. Imposta e classifica le tue priorità

22. Esercitare buone capacità comunicative

23. Le strategie sono appropriate ovunque!

1. Stabilisci un piano di gioco!

Un fattore che accomuna tutte le persone di successo è la gestione efficace del tempo. Puoi preferire la struttura delle chiamate, impostare l'attività o il piano di lavoro. Qualsiasi parola o termine che funzioni per te va bene. L'importante è prendere sul serio e mettere ciò in pratica creando uno dei principi fondamentali della produttività.

Potrebbe essere una buona idea pensarci su, perché questo fattore è essenziale per il successo. Forse puoi iniziare pensando diversamente: Pensa ai modi che non funzionano. Anche se si deve fare un piccolo compito, se non usiamo il tempo a nostra disposizione correttamente, potrà essere troppo tardi per finirlo. È possibile lavorare su una scadenza o un lavoro che non ha un momento specifico per il completamento. Se non hai un piano di lavoro per farlo, i risultati non saranno soddisfacenti. Mentre la procrastinazione e la perdita di tempo ostacolano la produttività, la mancanza di un'efficace gestione del tempo può essere altrettanto distruttiva.

Aumentare la produttività e fare le cose significa avere un buon piano di gioco. In primo luogo, si deve sapere esattamente cosa fare. In secondo luogo, anche se si dispone di nessun termine specifico, bisognerebbe deciderlo comunque. Il terzo passo è mettersi al lavoro.

Immagino tu voglia raggiungere i tuoi obiettivi sia a breve che a lungo termine. Inoltre vorrai essere orgoglioso e soddisfatto dei risultati. Quando non ti accontenti di "seguire il flusso" e prendere invece sul serio il tuo piano di gioco, ogni passo, successo, orgoglio e soddisfazione sono quasi garantiti.

La struttura e la gestione del tempo possono essere facili se fanno parte della tua vita. Se non sei abituato a questi concetti, ora è il momento di implementarli nella vita di tutti i giorni. Che tu stia pensando di creare un'impresa, lavorare per qualcun altro o se il tuo lavoro è presso la tua famiglia, avrai molti benefici e vantaggi nello stabilire un piano di buon gioco.

Se si usa in maniera intelligente il proprio tempo, dato che ci sono sempre le stesse ore in un giorno, questo sarà un passo molto positivo per voi. Sarai piacevolmente sorpreso da quante cose puoi realizzare. Con un piano di lavoro, puoi ritrovarti a fare più cose ogni giorno di quanto fai normalmente in una settimana. Non solo sarai più produttivo, ma raggiungere ogni obiettivo sarà molto più facile.

2. Riduzione delle distrazioni

Ci sono alcune cose che bloccano la produttività in modo rapido e sicuro come le distrazioni. Quando non ti concentri, non puoi fare le cose correttamente. Anche se realizzi qualcosa, può essere stressante e frustrante. Sia che siate al lavoro, all'università, o in palestra; ridurre le distrazioni influenza la capacità di essere produttivi.

Ci sono due punti chiave che bisogna tenere a mente quando si vuole ridurre le distrazioni dell'ambiente. Il primo punto è ciò che funziona per te e ciò che funziona per qualcun altro può essere completamente diverso. Il secondo punto è che se non si conoscono le proprie abitudini si può non essere sicuri al cento per cento di quali siano quelle più efficaci. La buona notizia è che non ci vuole molto tempo o sforzo per considerare come le tue abitudini influenzano la tua produttività e iniziare a modificarle di conseguenza.

Se siete siete come la maggior parte delle persone in questi giorni, il multitasking è diventato parte della vita quotidiana di tutti i giorni e il vostro vocabolario. Ci può essere un certo numero di cose che si dovrebbero fare in un giorno, e possono essere fatte contemporaneamente. Se esagerate con il multitasking, ci possono essere due conseguenze. Non si può fare tutto, oppure puoi fare tutto e con risultati insoddisfacenti.

Lo stesso si può dire delle distrazioni. Provate a fare un lavoro, e di farlo in modo corretto e bene, non darete risultati soddisfacenti se permetterete alle distrazioni di manifestarsi. Lavorare ascoltando musica, guardandola televisione o la chat del telefono non si limitata agli adolescenti. Molti adulti fanno queste cose nei loro uffici domestici e persino in un ufficio che è occupato da altre persone. Possono sia aiutare a concentrarsi ma anche a rovinare la concentrazione con la stessa facilità.Essere più produttivi richiede una piccola analisi delle tue abitudini. Si possono disabilitare tutte queste distrazioni e vedere se è possibile concentrarsi meglio sul compito a portata di mano. Puoiscoprire chesi può fare un lavoro migliore, più veloce e più efficace, senza distrazioni.

Mentre trovare ciò che funziona per te è facile se si lavora per sé, può diventareun po 'più complicato se si lavora con gli altri. I colleghi che usano costantemente i loro telefoni, o ascoltano le loro radio vicino al tuo spazio di lavoro possono distrarti dalla concentrazione. Se lo fai notare loro con cortesia, questo può essere necessario per ridurre le distrazioni in modo da poter lavorare serenamente.

3. Cosa dovresti fare prima?

Se si pensa a quando andavamoa scuola, è possibile ricordare che gli insegnanti ci consigliavano il modo migliore per affrontare il compito e gli altri progetti, spesso partendo da quello più difficile. Potrebbero anche averti consigliato di affrontare l'attività che non ti piaceva prima di continuare col resto. Questa stessa attenzione può migliorare notevolmente la tua produttività oggi.

Quando ti appresti ad iniziare una nuova giornata di lavoro, cerca di attuare questo approccio. Invece di iniziare con un'attività che ti piace, o un'attività che è facile per te, inizia con una che non ti piace o che sembra abbastanza difficile. Alla fine della giornata, ti sorprenderai per ciò che avrai raggiunto e potrai ritenere che la giornata è in fondo stata molto tranquilla.

Una ragione che spiega questo è che al mattino hai più energia. Quando dedichi questa energia ai compiti più difficili o spiacevoli, non ti sentirai esausto o frustrato nello svolgerli. Un secondo motivo è che se inizi attività che ti piacciono, ti ritroverai spesso a pensarein avanti verso quelle che non ti piacciono in modo molto negativo. Invece di goderti le attività più facili che stai facendo, penserai a quelle noiose che verranno. Quando si esegueil più difficile prima, non solo ti rimane più energiaper il resto della giornata, ma apprezzerai ancor di più gli altri compiti.

Questo approccio aumenterà la tua produttività. Quando non vedi la tua giornata di lavoro come una lunga battaglia in salita, otterrai più risultati. Ottenere le attività che non ti piacciono per prime, all'inizio della giornata, genererà risultati migliori con tutte le attività. Non solo, sarai anche molto più soddisfatto del risultato.

Mentre è solo la natura umana a voler fare ciò che ami prima, avere le cose più difficili all'orizzonte può rallentarti e prosciugare la tua energia. Se vuoi essere più produttivo e ottenere i migliori risultati in tutto ciò che fai, segui i consigli degli insegnanti della tua scuola e affronta prima i lavori più difficili. La tua produttività aumenta e finirai la tua giornata con un senso di realizzazione rigenerante.

4. Esercizio di autodisciplina

L'autodisciplina è un fattore essenziale per la produttività e il successo. Senza di essa, si diventa pigri, non motivati e dipendenti dagli altri. La mancanza di autodisciplina rende anche difficile avere a che fare con dipendenti, capi o colleghi.

Esercitare l'autodisciplina significa, in un modo vecchio stile, mettersi al lavoro. Necessità di sapere cosa fare, quando farlo e come. Una buona autodisciplina include una linea temporale o un quadro di base di ciò che deve essere realizzato entro un determinato periodo di tempo.

Tuttavia, essere troppo rigidi con l'autodisciplina non aumenta la produttività.

Puoi persino diminuirla. Se non ti permette di riposare durante la giornata lavorativa, o avere nessun margine di errore, le aspettative diventano troppo rigide. In questo modo, invece di fare di più, ti sentirai frustrato.

Se hai imparato l'autodisciplina sin da piccolo, probabilmente non avrai problemi adesso. D'altra parte, se i tuoi anni di scuola e la tua vita familiare erano troppo rigidi, o se ci si aspettava poco da te, questo è un buon momento per sviluppare l'abitudine. È possibile che tu sia riuscito a superare i tuoi primi anni senza un buon senso di autodisciplina, ma sarà un ostacolo alla tua carriera.

Un buon modo per iniziare a coltivare l'autodisciplina è riconoscere ciò di cui sei responsabile. Puoi iniziare ritenendoti responsabile per ottenere il lavoro giusto e in modo puntuale. Se questo è un concetto relativamente nuovo per te, dovresti anche riconoscere che potranno esserci errori e correggerli senza sentirti frustrato.

Esercitare l'autodisciplina include anche non lasciarsi distrarre daattività che ti fanno perdere tempo. Mentre potrebbe essere necessario fare una piccola pausa durante una giornata di lavoro, questa non deve essere una fonte di deviazione dal lavoro. Quando si dispone di un senso sviluppato dell'abitudine di auto - disciplina, completare le attività sarà più facile. Saranno fatte bene e in tempo. Aumenta la produttività e ti aiuterà ad avere molto più successo.

5. Puoi fare l'impossibile

Se avete dovuto completare molti compiti diversi tra loro, o magari attività che sembravano al di là delle tue capacità, il primo impatto è quello di ritenerle impossibili. Quando questo tipo di attività rientra nella tua gamma di responsabilità, ci sono alcuni modi positivi per affrontarle. Scoprirai che potraidavvero fare l'impossibile.

A volte si possono vedere dei compiti come impossibili, perché si è sopraffatti dalla quantità rispetto al breve tempo dato. Anche se ognuno di essi è piuttosto semplice, possono unirsi formando una montagna di lavoro che potrebbe sembrare insormontabile. Questo può succedere ed è ancor più vero quando nascono "sorprese" inaspettate senza una preparazione adeguata.

Un approccio positivo alla situazione precedente è di essere ragionevole su ciò che si può fare sin dall'inizio. Prendere troppe commissioni è dovuto a problemi come:

- Un'esigenza finanziaria.
- Dare una buona impressione al capo.
- Aiutare un collega.

Valutare preventivamente le tue capacità può eliminare questo problema. Un orientamento efficace per questa situazione è imparare a stabilire le priorità. Se capita una commissione imprevista mentre stai svolgendo i tuoi compiti, devi essere in grado di devidere quale lavoro deve essere completate immediatamente e quale può aspettare. In molti casi, richiedere più tempo per fare tutto è una buona idea.

A volte si può avere un progetto che è davvero al di là delle propriecapacità. In questi casi, l'approccio migliore è riconoscere i tuoi limiti. A seconda delle circostanze, puoi chiedere aiuto o dire che non si sa farlo.

Una buona gestione del tempo e un chiaro riconoscimento delle tue abilità sono le chiavi per fare l'impossibile. Invece di accumulare lavoro o stress, distinguiti per qualcosa che semplicemente gli altri sono incapaci di fare, incrementando cosìla tua energia o autostima. Anche se nessuno può fare tutto, e nessuno può fare tutto ugualmente bene, si dovrà dare sempre il meglio possibile. Questo, a sua volta, ridurrà la sensazione di essere sopraffatto e ti aiuterà a essere molto più produttivo.

6. Maggiore motivazione

Abbiamo sentito tutti dire "non eramotivato" come scusa per non fare le cose. Nella maggior parte dei casi, questo è un modo educato per dire che si è pigri. Nel mondo reale, dove produttività e successo sono essenziali, la motivazione è un elemento chiave. Se non è naturale, puoi esaminare i modi per aumentare la tua motivazione e metterla in pratica ogni giorno.

Più si è motivati, più si può fare. Un modo per provare ad aumentare la tuamotivazione è quella di godere e apprezzare ciò che fai.Invece di aspettare fino a quando non hai raggiunto il tuo obiettivo, inizia a goderti e apprezzando ogni attività che completi lungo il percorso. Anche se non dovresti perdere tempo o andare alla deriva, darsi una pacca sulla schiena in modo figurato su attività completate bene e correttamente può essere un ottimo modo per aumentare la tua motivazione. Avrai voglia di fare di più e vorrai continuare ad eccellere.

Quando si esegue questa operazione, sarà anche d'aiuto per aumentare la vostra resistenza. Invece di sentirti sopraffatto da uno dei principali obiettivi all'orizzonte, che può lasciarti stanco e stressato,è possibile concentrarsi sui piccoli step per preparati al prossimo compito.

È facile per una persona perdere il senso della motivazione quando sente di non raggiungere nulla. Questo può invertire la sensazione del fare bene con il fare male. Fortunatamente, non è difficile invertire questo schema e raggiungere la cima. Quando ci si abitua ad essere felici per ogni che si completa e si è orgogliosi dei risultati raggiunti, la motivazione aumenterà per fare di più e meglio ogni volta.

Sela motivazione e l'energia sono collegati, si può vedere anche se si ha molta più energia rispetto agli altri. Non importa quanto grande sia il tuo obiettivo finale o quanto tempo e lavoro sarà necessario dedicare alla riuscita di quel particolare obiettivo, rimarrai piacevolmente stupito dei progressi che farai. Così facendo aumenterai la tua motivazione o energia, sempre di più. Vedrai quanta grande produttività potrai fare ogni giorno.

7. Non lasciare che le battute d'arresto ti deprimano!

Uno dei maggiori ostacoli alla produttività è l'approccio che molte persone adottano nellebattute d'arresto. Se si vede una battuta d'arresto come un fallimento, non si pone solo un limite alla produttività, ma si può anche arrivarea non riprendersi più. Questo è vero in qualsiasi area della vita. Quando si vede una battuta d'arresto come un fallimento, potrebbe prevenire l'arrivo di un successo e non si otterrebbe nulla.

Le battute d'arresto si verificano in tutte le aree della vita. Indipendentemente dal tipo di lavoro che fai, ne hai probabilmente avuto già l'esperienza occasionalmente o regolarmente. Le battute d'arresto possono verificarsi a causa di errori commessi per non essere statiadeguatamente preparati per quello che si doveva fare, oppure per problemi imprevisti che non sonocolpa di nessuno. Il modo in cui vivi e vedi una battuta d'arresto determina come questo influenzerà te e la tua produttività.

Tuttavia, se si verifica una battuta d'arresto, c'è una prospettiva che può evitare che diventi un ostacolo e, di fatto, aumenterà la tua produttività. Se la battuta d'arresto è stata causata da un errore da parte tua, o se non è stata colpa di nessuno, il rifiuto di vederlo come un fallimento è il primo passo per rimetterti in carreggiata.

Il secondo passo è vedere la battuta d'arresto come un'opportunità per migliorare la prossima volta. Se hai commesso un errore nel tuo lavoro, l'approccio migliore è cercare di correggere l'errore e andare avanti. Sebbene sia essenziale non tentare di nascondere un errore, non è possibile consentire a un errore di arrestarti. Se non lo si corregge è possibile che lo rifarai e sarai ossessionato da esso. Questi comportamenti non sono mai utili. Non solo ti impediranno di fare le cose, ma ti faranno anche sentire male con te stesso. Nel peggiore dei casi, può farvi sentire incompetenti. Questo non è il modo di fare le cose.

Vedere ogni battuta d'arresto come un'esperienza di apprendimento è un approccio nettamentemigliore. Puoi dirti che sei capace di fare di meglio e di fare di più. Ogni volta che guardi alle battute d'arresto in questa maniera, invece dei fallimenti, aiuterai il progresso. Correggi l'errore, impara da esso e vai avanti. Quando si dispone di questo pensiero, potrai trasformarlo in una parte integrante della tua vita ed essere più produttivo.

8. Sii orientato agli obiettivi

Forse sarai sorpreso nel sapere come molte persone non sanno a cosa puntano nella loro vita lavorativa. D'altra parte, potresti essere tu stesso una di quelle persone. Se è così, ora è il momento di mirare ad un obiettivo. Quando sai dove stai andando, è sicuramente un primo passo per arrivarci.

Quando sei pronto per andare al lavoro la mattina, qual è il primo pensiero che ti viene in mente? Se siete come molte persone, non ci pensate affatto in termini di obiettivo. Invece, è possibile è pensare a quanto lavoro si avrà da fare, o quanto è buono lo stipendio alla fine della settimana. Se si modificano i nostri pensieri per un unico obiettivo tutto sarà molto più produttivo.

A seconda della natura del lavoro, gli obiettivi possono assumere una varietà di modi diversi sia che lavori per conto tuo o in team. È possibile avere un senso molto positivo di autodisciplina, o lavorare molto bene in squadra.

Essere orientati agli obiettivi non deve significare concentrarsi esclusivamente su un unico grande risultato. Ma occorreiniziare a considerare una serie di piccoli obiettivi, ognuno dei quali fornisce due vantaggi, che sono:

- Sii più motivato a continuare.
- Sii più vicino al tuo obiettivo.

Nulla può essere raggiunto dall'oggi al domani. Tutto ciò che è veramente utile richiede tempo, fatica e lavoro. Quando fissi il tuo sguardo percependo sia la distanza che i passi che devi compiere per arrivarci, vedrai presto quanto sarai più produttivo in ogni parte del percorso. Semplicemente seguire il flusso e non porre l'accento sui tuoi obiettivi ti rallenterà. Fallirai se non farai così. Sapere dovestai andando, è il modo più sicuro di sapere che ci arriverai.

9. Abbi cura di te!

Se sei come la maggior parte delle persone, probabilmente hai avuto l'esperienza di lavorare tutta la notte per fare qualcosa. Potresti non aver dormito, o non nutrirti, e altri importanti fattori della cura di te stesso al fine di completare un'attività o rispettare una scadenza. Mentre a volte è necessario farlo, trascurare la cura di sé su base regolare o frequente si ritorcerà contro. Ne va della tua salute.

Prendersi cura di sé non solo dimostra che ci tenete a voi stessi in buona salute, ma anchea mantenervi produttivo. La persona che non dorme regolarmente o che dipende dal cibo spazzatura invece di mangiare pasti nutrienti, non sarà all'altezza del compito fisico o mentale. Mentre credono che questo significhi dare il cento per cento per illavoro, queste piccole abitudini saranno dannose.

parte, se dormi abbastanza regolarmente e segui una dieta sana, avrai di più da dare al tuo lavoro. In condizioni migliori, sarai più concentrato e attento.Farai meglio e farai di più.

Se la tua giornata lavorativa prevede bere molte tazze di caffè o altri stimolatori di energia artificiale, è tempo di esaminare le tue abitudini di cura personale. Magari non dormi abbastanza e ti fidi del fatto che il caffè possa mantenerti vivo, o magari credi che una buona alimentazione può essere sostituita da cibo spazzatura. Se è così, è il momento di valutare ciò che stanno facendo queste abitudini alla tua salute generale. È anche tempo di pensare agli effetti che può avere sul tuo lavoro.

Anche se quasi tutti di tanto in tanto si ritrovano a saltare un pasto o a lavorare fino a tarda notte, se queste sono diventate abitudini per te, non credo ti stiano aiutando a essere più produttivo. In effetti, probabilmente ti stanno rallentando.

Anche se si dispone di un incarico con molte responsabilità e le scadenze di lavoro, trascurare la corretta cura della persona è controproducente. Quando si comincia a sviluppare l'abitudine di dormire a sufficienza e avere una dieta appropriata, sarai più soddisfatto dei tuoi risultati.

10. Perché essere organizzati è essenziale

Se ci pensate, essere organizzati è uno dei fattori più essenziali per essere produttivi. Non c'è bisogno di essere estremamente rigidi, ma consapevoli di ciò che implica la tua giornata lavorativa. Fare le cose organizzandoti con il tempo a tua disposizione, ti fornirà un valido strumento per fare le cose per bene.

Puoi pensare a qualcuno disorganizzato e al modo in cui influenza il suo lavoro. È possibile che sarà produttivo, forse più di teoccasionalmente, ma per tutta la giornata di lavoro, tra i vari appuntamenti, non saprà cosa fare e potrà mancare di essere al top per gli appuntamenti più importanti. Questa è una persona che non fa le cose perché il suo essere disorganizzatoli impedisce di essere produttivo.

Si ottiene molto più successo in un periodo di tempo più breve, se si è ben organizzati. È possibile iniziare col fare una cronologia base di ciò che dovresti fare e quando farlo. È possibile assicurarti di avere tutto sottomano prima di cominciare, in modo da non perdere tempo alla ricerca di qualcosa quando si bisogno di essa.

Essere organizzati con il tempo e gli elementi materiali non è affatto difficile. Tuttavia, se si non si è dentro questa abitudine, essa può richiedere una certa pratica prima di iniziare ad essere naturale. Preparare uno schema di una giornata di lavoroti aiuterà a essere dove c'è la necessità e fare le cose in tempo. Mantenere ordinate e organizzate tutte le forniture ti aiuterà a evitare di perdere tempo e sentirti frustrato dal fatto che non riesci a trovare facilmente gli articoli quando ne hai bisogno.

Quando il tuo obiettivo è aumentare la produttività, fare le cose, organizzarsi è un fattore essenziale. Se si è una delle tante persone che non hanno ancora sviluppato questa abitudine positiva, i risultati potrebbero sorprendervi. Presto vedrai che sarai in grado di fare molto di più, facendo un lavoro migliore e terminando con risultati più soddisfacenti. Organizzare meglio te stesso in ogni aspetto della tua vita migliorerà notevolmente la tua produttività.

11. Quando è necessario delegare

Esistono due diversi tipi di delega che sono negativi. Entrambi possono inibire la produttività anziché aumentarla. Se si riconoscono questi fattori nellatua vita lavorativa, poi cominciare a cambiare per ottenere risultati migliori.

Il primo modo negativo di delegare coinvolge la persona che vuole fare tutto per sé. Anche se all'inizio può sembrare positivo, in realtà non lo è affatto. La persona che insiste nel fare più lavoro di quello che può ragionevolmente fare, o nel lavoro che non è pienamente in grado di fare da sola, non solo diventa meno produttiva, ma influenza anche la produttività di tutti coloro che lo circondano. Se si hapaura di chiedere aiuto o se siete semplicemente presuntuosi, potresti far rallentare il lavoro di gruppo o il tuo stesso.

Il secondo modo negativo di delegare coinvolge la persona che si sottrae alle proprie responsabilità. È possibile chiedere ad altri di fare i compiti che in realtà dovrebbero essere fatti da sé. Così facendo però, non solo state spostando il peso da voi, ma state facendo perdere tempo prezioso agli altri.

La delega positiva è ragionevole. Quando si riconosce che non si può fare tutto, e non si può fare tutto ugualmente bene, potrai far crescere la produttività tua e di chi ti circonda.

Quando hai un compito o un progetto molto grande o difficile, chiedere aiuto agli altri ti aiuterà a finire il lavoro e farlo più velocemente. La delega non è un'ammissione di debolezza o di incompetenza, ma riconoscere l'entità del proprio ruolo e delleproprie capacità. Questo, a sua volta, darà agli altri l'opportunità di partecipare e aiuterà a portare a termine il lavoro.

Delegare di fare meno di quello che si può fare, o meno di quanto ci si aspetta ragionevolmente di fare, è sempre negativo. Tuttavia, è più ragionevole fare un lavoro da soli se lo si riesce a fare con la stessa durata di tempo che ci metteresti delgandolo a più persone. Ma quando devi fare un lavoro, puntualmente e bene, il lavoro di squadra darà i migliori risultati.

12. Evita l'esaurimento

Basta davvero poco a causare una diminuzione della produttività con la stessa facilità dell'esaurimento. Mentre puoi essere tentato di pensare che ogni momento in cui non dormi è utile per lavorare, questo non è il modo giusto di pensare. Quando figurativamente ti porti il lavoro a casa, aumenti il rischio di burnout e ottieni molto meno di quanto avresti potuto fare nel lungo periodo.

Questa forma di portarti il lavoro a casa non significa dover rinunciare al tempo libero. Si tratta di tenere a mente il tuo lavoro durante il tempo libero. Quando gestisci il tuo lavoro fuori dal suo contesto può danneggiare il tuo obiettivo primario.

Durante il nostro tempo libero a volte è difficile non pensare al nostro lavoro. Forse la preoccupazione è dovuta alla complessità del lavoro o al tempo per finirlo. Questo può portare ad essere eccessivamente stressato, ansioso e sopraffatto. Potrai sentirti più affaticato dal lavoro quando lo si pensae preoccuparsi di più rispetto a quando si sta effettivamente facendo il vostro lavoro.

Se si dispone di uno stacco netto dopo una normale giornata lavorativa, si può evitare il burnout, lasciando il tuo lavoro sul posto di lavoro. Piuttosto che stressarti su tutto ciò di cui hai bisogno per realizzare il giorno successivo, o sui progressi che stai facendo con qualcosa su cui stai lavorando, cerca di imparare a mettere quei pensieri e preoccupazioni dove appartengono.

13. Le forniture sono un fattore

Avete sentito il vecchio detto che un buon lavoratore si prende sempre cura dei suoi strumenti? Questo è vero sia se si lavora da in proprio o per conto di qualcuno. Tenere i nostri strumenti in ordine e sempre a disposizione aumenterà la nostra produttività.

Indipendentemente dal tipo di strumentiutilizzati durante la giornata lavorativa media, la negligenza può rallentarti. Non può svolgere un lavoro in modo efficace se hai gli strumenti rotti, danneggiati o usurati. Se tenti di utilizzare materiali che non sono in buone condizioni, la qualità del tuo lavoro ne sarà influenzata. Può richiedere molto più tempo e non andràcomunque bene come avresti potuto fare con gli strumenti giusti.

Pensate a questo: se si prova a lavorare su un computer non aggiornato, o se si utilizza uno strumento manuale che è piegato o danneggiato, o attrezzature per ufficio obsolete, la tua produttività può fermarsi completamente. Può farti sentire frustratoo arrabbiato e forse non ti farà svolgere affatto il lavoro.

Quando tutti i materiali di consumo, gli strumenti e le attrezzature sono mantenuti in condizioni ideali, sono in forma migliore per svolgere correttamente il lavoro. Il tuo lavoro non rallenterà e non rischierai errori a causa di attrezzature difettose. Buone forniture in buone condizioni significano fare le cose e ottenere i migliori risultati.

Non importa quanto velocemente si completerà un compito, ma ciò che importa è la qualità di esso. E ciò dipende dagli strumenti a disposizione. Occorre sostituire strumenti o attrezzature danneggiate nel più breve tempopossibile.

Si può instaurarequesta nuova abitudine per assicurarsi che tutte le nostre forniture e attrezzature siano sempre pronte al nuovo utilizzo. Queste nuove abitudini potranno beneficiare voi, così come tutti coloro che utilizzano gli stessi materiali e le stesse attrezzature. La tua giornata di lavoro sarà molto puù piacevole e produttiva.

Quando hai tempo libero, sviluppa alcune abitudini positive. Imparare a rilassarsi, partecipare ad attività ricreative salutari e dedicare tempo e attenzione ai tuoi amici e familiari ridurrà il rischio di esaurimento. Quando avrai iniziato a sviluppare queste abitudini, non ci vorrà molto per notare i risultati. Inizierai ogni nuovo lavoro sentendoti fisicamente, emotivamente e mentalmente rinfrescati. Avrai da dare di più al tuo lavoro quando ti aggiorni. Sarai più motivato, più energico e più produttivo.

14. Uno stato d'animo positivo

Nullaha il potere di aumentarela tua produttività con la stessa facilità di avere un umore sicuro e positivo. Per questo occorre ripetersi sempre affermazioni postive, essenziali per riconoscere come influenzano la vostra mentalità e produttività.

Se si hanno problemi personali, bisogna tenerli fuori dal lavoro per essere più produttivi.Anche se qualcosa è particolarmente problematico, bisogna faretutto il possibile per mantenerlo fuori dalla sfera lavorativa. Se c'è qualcosa che può aiutartiin questo senso è l'uso del tuo tempo libero.

D'altra parte, se c'è qualcosa di negativo nella tua vita lavorativa, dovrebbe essere affrontato e affrontarlo il prima possibile. Sentirsi sopraffatti, ansiosi, stressati non farà che rallentarti ancora di più.

Più sei positivo e ottimista, più otterrai. Anche di fronte ad un compito particolarmente grande o difficile, uno stato d'animo positivo può aiutare a raggiungere più di quanto si può pensare.

A volte ci vogliono molti piccoli passi per fare qualcosa. A volte si verificano errori e battute d'arresto. Tuttavia, quando si sa che ogni passo porta più vicino all'obiettivo, si è sulla strada giusta. Quando ti dici che ogni piccolo traguardo è un obiettivo in sé, ti stai dando l'incoraggiamento e la motivazione di cui hai bisogno per avere successo.

Avere uno stato d'animo positivo non è naturale per tutti. Se sei una delle tante persone che non ci hanno mai pensato molto, oggi è il momento ideale per iniziare. Uno stato d'animo positivo ti permetterà di sentirti più sicuro di te e delle tue capacità. Anche se l'autofiducia èrelativamente una nuova esperienza per te, vedrete quanto è importante avere un umore positivo per ottenere risultati in pochissimo tempo e rimanere soddisfatti.

15. Resistere alla negatività

La negatività è un ottimo elemento di base per la produttività. Assicura inoltre che tutto ciò che viene fatto non sia né soddisfacente né apprezzato. Se la negatività a cui devi resistere è tua o di qualcun altro, più velocemente si risolve, prima tornerà alla normalità.

La negatività può presentarsi in molte forme e sono tutte controproducenti. La negatività può presentarsi sotto forma di disprezzo. Potresti non essere sicuro della tua capacità di fare il lavoro o farlo bene. Se si pensa che il fallimento è all'orizzonte, questo è il modo più sicuro per farlo accadere. Puoi resistere alla negatività del disprezzo ricordandoti della concorrenza. Potrebbe essere necessario farepratica regolarmente. Se si consente ad una luce negativa di eclissare le tue abilità, l'insuccesso è assicurato.

La negatività può anche presentarsi sotto forma di reclami . Sia che ti lamenti del tuo lavoro o qualcos'altro nella tua vita, questo tipo di negatività può influire sul tuo lavoro. Lamentarsi ti logora e rovina la tua capacità di mettere a fuoco le cose correttamente. Quando resisti a questoslancio, cerca di adottare misure per mantenere la negatività fuori dalla tua vita Invece di stancarti e irritarti, il tuo livello di energia sarà migliore.

La preoccupazione è un'altra forma di negatività. Si può rallentare ed essere meno produttivi. Sebbene possa sembrare difficile, un buon approccio sta nel ricordare che la preoccupazione non fa fare nulla. Se il problema è qualcosa che attacca la volontà, cerca di risolverlo il più rapidamente possibile per ridurre la preoccupazione. Se non riesci a gestirlo immediatamente, prova a dimenticare la preoccupazione mentre lavori.

Potrebbe anche essere necessario dirti che la preoccupazione stessa non risolverà un problema. Questo ti aiuterà a focalizzare e concentrartimeglio.

Se scopri che la tua negatività è estrema, chiedere aiuto esterno può essere utile. Puoi imparare ad essere in uno stato mentale migliore . Questo è meglio per la tua salute generale e anche per la tua produttività. Più sei in grado di resistere alla negatività su base regolare, più otterrai.

16. Compiti per il tuo obiettivo

Alcune persone hanno l'abitudine di vedere il loro obiettivo come la cosa principale che devono raggiungere. Potrebbero persino vederlo come l'unica cosa che devono raggiungere. Se questo ti suona familiare, ti manca qualcosa di molto importante che può aumentare la tua produttività. Sesi vede ad ognuno dei compiti come qualcosa da poter raggiungere per completare un obiettivo ritenuto come molto importante, il progresso sarà molto più fluido.

Un buon modo di pensare a questo è in termini di costruzione di una casa. Se si prevede di costruire da solo tutta la casa, alcuni passi potrebbero essere persi lungo la via. Ci sono molti passaggi necessari per costruire una casa. Nessuno può essere ignorato o fatto malese si vuole la casa robusta e in ottime condizioni una volta completata.

Gli obiettivi che hai nella vita lavorativa sono simili. Indipendentemente da quale sia il tuo obiettivo particolare, ci sono una serie di passaggi che devono essere presi per raggiungerlo. Per ottenere i migliori risultati possibili, ogni attività richiede tempo, impegno, lavoro e concentrazione.

Se avete un obiettivo importante davanti a voi, potreste essere tentati di abbreviare alcuni dei compiti intermedi. Potresti anche avere l'idea che correre attraverso i tuoi compiti ti aiuterà a raggiungere il tuo obiettivo finale molto prima. Questo non è mai un buon approccio. Quando non dai il massimo in ogni compito, non importa quanto piccolo, i risultati finali non saranno soddisfacenti come ti aspetti.

Dare il massimo in ogni compito non significa far sembrare qualcosa di più importante di quanto non sia realmente, perdere tempo o dimenticare il tuo obiettivo finale. Dare il massimo significa assicurarsi che ogni compito che fai riceva il tempo e l'attenzione che merita. Significa prendere sul serio i lavori più piccoli come quelli più grandi.

Dedicare una quantità appropriata di tempo e attenzione per tutti i compiti non ti rallenterà. In effetti, può aiutarti a essere meglio motivato per ogni compito che ti aspetta. Quando dai il meglio di testesso ogni volta, non importa quanti piccoli passi farai, ma come sarai soddisfatto di averli fatti.

17. Informazioni su colleghi e dipendenti

C'è una tendenza che è popolare nel mondo degli affari di oggi. Alcune persone credono che la concorrenza sia il modo migliore per aumentare la produttività. Non importa in quale linea di lavoro ti troverai, è molto probabile che dimostreraiun approccio controproducente.

Innanzitutto, il lavoro di squadra è molto meglio della concorrenza. Quando si utilizza l'approccio che tutto il lavoro serve per il bene comune, questo verrà raggiunto di più. Quando il senso di competizione viene rimosso, ogni persona vorrà dare il proprio meglio semplicemente perché è il loro posto per farlo. Servirsi di collaboratori, a sua volta farà aumentare la sensazione del lavoro di squadra. Quando tutti lavorano come una squadra e lavorano per un obiettivo comune, la produttività aumenterà.

In secondo luogo, tutti hanno bisogno di sentirsi apprezzati. Questo è vero sul posto di lavoro come altrove. Il miglior dipendente, e il dipendente che fa di più, è colui che crede che il proprio lavoro sia apprezzato.

Un altro fattore che aumenta la produttività è la riduzione della quantità di tensione, attrito e conflitto sul posto di lavoro. Quando ci sono impiegati che non vanno d'accordo con gli altri, o qualcun altro fa il lavoro per loro, o è semplicemente difficile stare attorno a questa o queste persone su base regolare, questi tipi di problemi devono essere affrontati il più rapidamente possibile.

La produttività è ottimale nei luoghi di lavoro in cui tutti i presenti vanno d'accordo. Ciò non significa perdere tempo con conversazioni e visite non necessarie. È

sufficiente semplicemente riconoscere che tutti sono lì per lo stesso scopo.

Il posto di lavoro dovrebbe essere un luogo in cui ogni dipendente si senta a proprio agio. Dovrebbe essere un luogo in cui tutti sanno che i loro colleghi hanno tutti gli stessi obiettivi in mente. Quando ogni persona sa di essere una parte preziosa dell'azienda e una parte preziosa della squadra, ogni persona si sentirà più sicura e più produttiva.

18. Incoraggiamento personale

Incoraggiarti premiandoti durante un'attività può essere una buona cosa. Sfortunatamente, se viene affrontato nel modo sbagliato, può essere più problematico di quanto valga la pena. Se pensi di doverti del tempo libero, regali speciali o qualcos'altro di straordinario ogni volta che realizzi qualcosa, ti troverai presto a realizzare molto poco. Invece di vedere come una ricompensa per un lavoro ben fatto, è possibile cominciare a sentire che si ha diritto di ricompense o favori speciali per completarecompiti che si trovano entro la propria responsabilità.

Questo è il motivo per cui concedere piccoli "extra" per svolgere il proprio lavoro di solito non è una buona idea. Ed è ancora più negativo se si è in attesa di un riconoscimento di premi speciali dal capo o da colleghi di lavoro per fare quello che si suppone faranno.

Invece, applicare un po'di incoraggiamento dovrebbe essere l'unico premio, a cui devi puntare. Quando completi un compito in tempo, o fai un progetto particolarmente bene, puoi riconoscerlo è come un piccolo ma importante successo. Quando si applica questo tipo di respiro con una pacca figurativa sulla schiena, si viene premiati per un lavoro ben fatto. Sarai anche pronto a muovertial lavoro successivo o al passo successivo.

Questo stesso concetto funziona bene se si lavora da soli o in gruppi. Se nessuno si sente obbligato a ottenere un qualche tipo di riconoscimento speciale per fare il proprio lavoro, la priorità sarà fare il lavoro. In ambienti di lavoro che includono un numero di persone che lavorano insieme come gruppo, nessuno si sentirà più o meno importante di chiunque altro. Ogni persona si renderà conto di dover contribuire con qualcosa, senza aspettarsi di ricevere qualcosa di unico nel farlo.

Incoraggiarti lungo la strada servirà a mantenere alti i tuoi spiriti e il tuo senso di motivazione al massimo. Mentre importanti risultati possono portare a una sorta di piccola ricompensa aggiuntiva, l'incoraggiamento personale dovrebbe essere l'unica ricompensa necessaria per fare il tuo lavoro.

19. Resistenza all'allungamento eccessivo

Ci sono due modi in cui un lavoro può essere prolungato troppo a lungo. È possibile fare più lavoro di quanto si è ragionevolmente in grado di eseguire; oppure si può prendere un lavoro che è al di là delle nostre possibilità. Entrambi i casi possono sovraccaricare la tua energia, farti sentire frustrato e molto scoraggiato. Inoltre, risultano meno produttivi.

Si può conoscere quali individui sono più inclini a ciò. Questo tipo di persone, che continuano a svolgere il proprio lavoro anche per molto tempo dopo aver lasciato il posto di lavoro, possono sentire che c'è sempre qualcos'altro da fare, molte ore dopo aver lasciato il lavoro. Questi soggetti potrebbero ritenere che nessun lavoro verrà svolto o non eseguito correttamente, a meno che non lo facciano da soli.

Se sei questa persona, ora è un buon momento per valutare le tue abitudini di estensione. Mentre sicuramente si desidera completare tutto ciò che è di nostraresponsabilità, non sovraccaricare ci renderàpiù produttivi. Può avere quindi esattamente l'effetto opposto.

Estendersiregolarmente ti prosciugherà e causerà il caos sulla tua salute. Consentire a te stesso di entrare in questa condizione può influire sulla tua capacità di concentrazione. Può iniziare con errori inutili o perdita di memoria.

Puoi resistere solo se ragioni con le tue abilità e il tuo tempo. Anche se stai lavorando su un progetto molto importante, non possiamo metterci "24/7" su di esso e sperare che vada bene. Dovresti impiegare un tempo ragionevole per riposare, mangiare, fare esercizio fisico e persino qualche ricreazione, per essere nelle migliori condizioni per fare il lavoro.

Estendersi troppo quando si cerca di fare un lavoro al di là delle proprie capacità può anche ritorcersi contro. Se non si è pienamente qualificati di certo nonandrà. Invece di esagerare con qualcosa che sai di non poter fare, è meglio lasciarlo fare a qualcuno che è veramente qualificato per completarlo correttamente.

Non devi scoraggiarti per il tuo lavoro. Se decidi di non provare troppo, sarai più produttivo di se provi a prendere tutto da solo.

20. Perché hai bisogno di ridurre lo stress

Lo stress ha molti risultati e nessuno di questi è positivo. I risultati dello stress possono ostacolare il lavoro. Anche se un lavoro è finito, i risultati dello stress possono ridurre al minimo il tuo senso di realizzazione e soddisfazione. Quando ti stresserai, farai del tuo meglio e apprezzerai il risultato.

Dal momento che ogni persona è un individuo, può essere utile per voi determinare il modo migliore per rilassarvi. Una pausa caffè, una breve passeggiata o il pensiero di qualcosa di completamente diverso per alcuni minuti sono alcuni modi che potrebbero esserti utili. La tua personalità e le esigenze individuali dovrebbero essere i fattori decisivi. Un metodo che funziona per una persona non funziona necessariamente anche per la successiva.

Se non ti togli lo stress quando necessario, non farai molto. Lo stress può prevalere sulla tua concentrazione, lasciandoti concentrato su tutto tranne che sul compito da svolgere. Troppo stress, specialmente se prolungato, può portare a stanchezza e malattie fisiche. Oltre a causare mal di testa e una generale sensazione di disagio, lo stress prolungato ha anche il potere di indebolire il sistema immunitario. Nel peggiore dei casi, uno stress estremo prolungato può portare a complicazioni mediche.

Quando lo stress ha il potere di causare tutti questi problemi, dovrebbe essere facile vedere come può influenzare il tuo lavoro. Ecco perché lo stressnon deve essere considerato un lusso, una follia o una perdita di tempo.

Rilassarsi non dovrebbe essere visto come una scusa. Una volta che avrete scoperto gli effetti dello stress nella vostra vita lavorativa, non dovrebbe essere difficile determinare quando si presenta la necessità di eliminare lo stress. Tuttavia, né tu né il tuo lavoro potete permettervi di usare lo stress come scusa per essere pigri o irresponsabili. Una breve pausa per qualsiasi tipo specifico di metodo antistress più appropriato per te dovrebbe ridurre o alleviare lo stress. Quando non si è sopraffatti da stress, sarà più facile concentrarsi su ciò che si sta facendo.

21. Imposta e classifica le tue priorità

Quando sei al lavoro, praticamente tutto ciò che fai è importante. Tuttavia, l'impostazione e la classificazione delle priorità aiuteranno a mantenere tutto nella giusta prospettiva. Questo è un modo positivo di fare le cose.

Definire e classificare le priorità significa riconoscere che alcune attività richiedono più tempo di altre e alcune attività richiedono più lavoro di altre. Se si commette l'errore di assegnare la stessa quantità di tempo ad ogni attività non si ottiene quanto si dovrebbe.

Mentre vuoi fare del tuo meglio su ogni compito, determinare quali impiegheranno più tempo e fatica è un approccio molto più produttivo rispeto al provare a vedere tutto allo stesso modo.

Definire e classificare le priorità significa anche determinare quali attività devono essere completate per prime. Puoi sfrecciare e rendersi conto che questo è solo logico, ma spesso non accade in questo modo. Forse c'è un progetto molto grande all'orizzonte che vi richiederà un sacco di tempo e fatica significativamente maggiore di progetti più piccoli che si hanno in mano. Forse ce n'è uno che include un periodo di tempo significativo, o anche una scadenza. In casi come questi, è possibile che ci sia stata la tentazione di svolgere prima attività più piccole e più semplici.

Quando classificate le priorità, puoi iniziare dal decidere quale lavoro o progetto necessita di avere più cura prima di ogni altra cosa. Questo metodo non solo garantisce che ciò venga fatto, ma rispetta anche la motivazione non sufficiente per farlo correttamente.

Simile a quanto detto in precedenza in questo libro sull'assunzione dei lavori più difficili per primi, prima inizi con una scadenza, più è probabile che tu lo completi in tempo.

Impostare e stabilire le priorità delle priorità non è un compito difficile o richiede tempo. Se si avvia ciascuna giornata di lavoro con un breve riassunto di tutto ciò che serve per raggiungere gli obiettivi, si può assegnare la massima priorità ai compiti da svolgere prima. Tutta la tua giornata di lavoro sarà molto più agevole e potrai fare di più.

22. Esercitare buone capacità comunicative

Sia che lavori da solo o in un ufficio con altri, una buona capacità di comunicazione deveessere una parte standard della vita quotidiana. Più sviluppi queste qualità, meglio sarà. A sua volta, chiunque lavori con te può essere più produttivo.

Alcune persone dovrebbero ricordare che le buone capacità comunicative comprendono la conoscenza della differenza tra comunicazione fruttuosa e inutile perdita di tempo. Potresti avere qualcuno nel tuo ufficio a cui piace "visitare" i colleghi tutto il giorno o che sembra essere sempre al telefono. Questo tipo di attività sociale non è appropriato per il posto di lavoro. Impedisce l'esecuzione del lavoro.

Le buone capacità comunicative sul posto di lavoro possono generalmente essere riassunte in due categorie. Esiste il tipo di comunicazione che dovrebbe essere il più diretto e breve possibile. Si può dire che è necessario fare una domanda o chiarire qualcosa, senza perdere poi troppo tempo. L'altro tipo di comunicazione è quello che implica dare, ricevere o scambiare informazioni. Potrebbe essere necessario per comunicare con qualcuno di un aspetto del lavoro o di richiedere una spiegazione dettagliata di un progetto. Nella maggior parte dei casi, queste sono le uniche forme di comunicazione che migliorano il posto di lavoro e aumentano la produttività.

Le buone capacità comunicative implicano anche l'essere ricettivi e l'ascolto di ciò che l'altra persona sta dicendo. Aspettare semplicemente che sia il tuo turno di parlare è un'abitudine negativa che avrebbe dovuto essere eliminata durante l'infanzia. Se non si dispone di un'abitudine all'ascolto, può essere utile per praticare questo gestodurante iltempo libero. Se di tanto in tanto pranzate o riposate con i vostri colleghi, questo può essere un ottimo momento per sviluppare le vostre capacità di ascolto.

Praticare buone capacità comunicative sul posto di lavoro fa risparmiare tempo. Quando le domande, le risposte e le spiegazioni sono pienamente ricevute quando vengono pronunciate per la prima volta, viene eliminata la necessità di ripetere. Si dà anche l'altra persona il messaggio che ciò che dice è prezioso. Quando tutti sono "sulla stessa strada", tutti faranno di più.

23. Le strategie sono appropriate ovunque!

Quando si sente la parola "produttività" la prima cosa che ti viene in mente è probabilmente il tuo lavoro e il posto di lavoro. La buona notizia è che tutte queste strategie per aumentare la produttività sono appropriate anche per altri "luoghi" della vita. Sono altrettanto utili per gli studenti che vogliono fare di più con il loro lavoro al college o al liceo, e anche per le casalinghe che sembrano non avere abbastanza tempo per fare tutto ciò che deve essere fatto.

Ci sono solo ventiquattro ore al giorno. Questo è un fatto altrettanto vero per tutti. Nell'interesse della tua salute generale, una parte di quelle ore dovrebbe essere assegnata al sonno, alla ricreazione e ad altre importanti abitudini legate alla salute. Anche se questo lascia ancora diverse ore del giorno per fare le cose, molto tempo viene usato male o sprecato se non si è in grado di gestirlo.

Le strategie per fare le cose si concentrano sul modo migliore per gestire l'orario di lavoro per una produttività ottimale. Quando si impara come non perdere tempo e sfruttare al massimo ogni ora e ogni giorno, la volontà aumenterà. Invece di subire il lavoro, occorre gestirlo in modo da ottenere risultati soddisfacenti.

Sviluppare e mettere in pratica queste strategie per fare le cose non richiederà molto tempo o sforzi da parte tua. Un po' di motivazione, e la volontà di iniziare a implementarlo, è davvero tutto il necessario. Non solo sembrerai sempre più produttivo, ma sarai in grado di vedere ogni giorno come uno dei tuoi momenti migliori.

Visita la nostra pagina degli autori su Amazon! E ottenere più libri di MENTES LIBRES!

https://www.amazon.it/MENTES-LIBRES/e/B08274DDV4?ref_=dbs_p_ebk_r00_abau_000000

Se lo desiderate, potete lasciare il vostro commento su questo libro cliccando sul seguente link in modo che possiamo continuare a crescere! Grazie mille per il vostro acquisto!

https://www.amazon.it/dp/B089NYHGX4